BANQUET
DU
7 AVRIL 1849, A CHALON-S.-S.

TOASTS ET DISCOURS.

PRIX : 10 CENTIMES.

Le 7 avril, jour anniversaire de la naissance de **Charles FOURIER**, l'un des pères du Socialisme en France, est célébré, chaque année, à Chalon-s.-s., dans un banquet. Jusque-là, cette solennité n'avait point encore réuni une assistance aussi nombreuse que le 7 avril dernier, ni présenté un caractère aussi marqué de foi sympathique et chaleureuse. La réunion, qui a été dignement présidée par son doyen d'âge, le citoyen Meulien d'Allériot, comptait plus de 130 citoyens. Le plus vif enthousiasme a accueilli les toasts et les discours qui ont été prononcés dans l'ordre suivant :

Le citoyen MEULIEN : — A CHARLES FOURIER.

Au grand génie qui a découvert la loi des destinées heureuses ;
Au fondateur de la sience résumée dans ces deux axiômes :
Les attractions sont proportionnelles aux destinées;
La série distribue les harmonies.
Il y a dix-huit cents ans, il a été dit aux hommes :
Aimez-vous les uns les autres, voilà toute la loi.

Sublime et divine parole! Oui, que les hommes, au lieu de se haïr et de se déchirer, s'aiment et vivent en frères, et la loi sera accomplie. Mais il a été dit aussi :

Cherchez et vous trouverez.

Honneur donc, et honneur éternel à l'homme qui malgré la détraction, le dédain et les sarcasmes de son siècle, a, le premier, religieusement cherché les moyens de faire descendre sur la terre le règne de Dieu, prophétisé par le Christ, et qui n'est autre que le règne de la *Liberté*, de l'*Égalité*, de la *Fraternité*. (Applaudissements unanimes).

LARGEFEUILLE. — AUX MARTYRS DE LA DÉMOCRATIE.

De même qu'autrefois le Christianisme a eu ses martyrs, le Socialisme a aussi les siens ; nobles et grandes ames qui ont résisté à la corruption de leur époque et qui sont fières de se dévouer à la plus sainte des causes.

Le martyre des premiers chrétiens n'a pas peu contribué à la chûte des faux dieux; celui des vaillants apôtres du Socialisme portera des fruits analogues : il amènera dans un temps prochain la transformation du vieux monde et le triomphe de la bonne cause.

Citoyens, aux martyrs de la démocratie. A Barbès, à Raspail, à Albert, à Louis Blanc, à Caussidière, à tous ceux enfin qui, dans les prisons ou sur la terre d'exil, expient leur ferveur démocratique et sociale. (Nombreux bravos.)

A. WURGLER. — AUX DÉMOCRATES.

C'est avec une satisfaction bien vive que nous constatons votre présence parmi nous en ce jour, anniversaire de la naissance de FOURIER. Vous avez compris que l'homme qui a consacré sa vie au service de l'humanité avait droit à vos sympathies.

Les républicains sans foi, sans croyance, qui n'ont envisagé l'avènement de la République que comme un moyen de satisfaire leur égoïsme et leur ambition, ont déserté les rangs de la démocratie; sous prétexte d'honnêteté et de modération, ils se sont ralliés aux éternels ennemis du peuple, aux monarchiens de toutes couleurs; leur cause est en effet la même, ils veulent arrêter ou retarder la marche du progrès, ils fuient la vérité comme un oiseau de nuit fuit la lumière du soleil. (Applaudissements.)

Entendez-les crier, sur tous les tons, que le Socialisme, c'est l'anarchie, la destruction de la famille, de la propriété, la subversion de tout ordre social. Ils n'ont pas assez d'injures et de calomnies à répandre sur les apôtres de la foi nouvelle ; mais forts de leur conscience et de leur droit, les hommes généreux qui se sont voués à l'affranchissement du peuple, continueront sans relâche leur mission. (Oui, oui, bravo.)

Les républicains sincères voulant la réalisation du principe de la fraternité ont reconnu que les errements de l'ancienne politique étaient impuissants pour guérir les plaies de la société; sans abandonner leur drapeau, ils sont devenus démocrates socialistes; vous êtes de ceux-là, c'est à vous que nous nous adressons.

La science qui doit illuminer le monde, faire sortir l'humanité de l'état malheureux où elle est plongée, est, suivant nous, celle que Fourier a découverte. En effet, citoyens, si cette sublime théorie a pour résultat le bonheur universel, que pourrait-on y ajouter ?

Dans la commune bien organisée, l'association des intérêts remplacera la concurrence, la justice succèdera à l'arbitraire; plus de guerre, plus d'anarchie, plus de travailleurs affamés, plus de parasites, plus de misère, plus de prostitution ; le travail répugnant aujourd'hui par cent causes accumulées, sera rendu attrayant par les plus heureuses combinaisons. Libre d'inquiétudes sur son sort et sur celui de ses enfants, ce sera avec bonheur que l'homme accomplira sa destinée qui est le travail, et Dieu sourira alors à sa créature régénérée. (Bravo ! bravo !)

Nous lisons dans vos cœurs que si la science de Ch. Fourier doit opérer la rédemption de l'humanité, et substituer le règne du bien à celui du mal, vous êtes tous phalanstériens. Étudiez donc l'œuvre du grand réformateur, nous vous y engageons de toute notre force, et bientôt vos préventions, s'il vous en reste encore, auront disparu.

Maintenant, citoyens, quelle que soit la foi qui nous anime, quelles que soient les certitudes que nous ayons acquises par l'étude, nous ne sommes pas exclusifs, et nous ne disons pas : *hors de la science de Fourier, point de salut*. S'il arrivait que l'expérience vînt nous donner tort, pensez-vous que nous abandonnerions tout espoir de faire le bien, que nous donnerions notre démission de soldats du progrès ? Vous ne pourriez être de nos amis, si vous nous estimiez assez peu pour le penser. Nous chercherions ailleurs la vérité.

Aujourd'hui, nous avons la prétention d'être au premier rang parmi les socialistes; nous passerions au dernier, sans une arrière-pensée, et contents de suivre ceux que nous croyions avoir devancés, nous nous efforcerions, avec une nouvelle ardeur, de faire entrer dans les réalités, les principes de liberté, d'égalité et de fraternité.

Aussi, je porte mon toast *A l'avenir du Socialisme, aux Démocrates socialistes !* (Nombreux applaudissements.)

F. BLANC.—AU RALLIEMENT DE TOUS LES SOCIALISTES.

Ce qui distingue les socialistes des hommes du passé, c'est qu'ils ont compris la nécessité de transformer la société elle-même ; c'est qu'ils ont reconnu que le mal n'est pas dans les intérêts et les passions des individus, mais bien dans les combinaisons imparfaites du milieu social ; c'est qu'ils croient à la bonté native de l'homme et à la providence infinie de Dieu.

Si nous sommes encore en petit nombre, nous avons du moins la lumière qui éclaire les intelligences, la foi qui abaisse les montagnes et le feu sacré du dévoûment à l'humanité.

Si les heureux du jour se montrent encore pour nous dédaigneux ou hostiles, s'ils veulent repousser la lumière par les ténèbres, disons-leur: Assez de siècles d'ignorance et de misère! Ne reconnaissez-vous donc pas à l'état de vos âmes que quelque chose de grand s'est passé sur la terre ? Qu'une révélation nouvelle s'est manifestée d'un hémisphère à l'autre ! Qu'est-ce, en effet, que ces idées nouvelles si rapidement répandues depuis quelques années? Qu'est-ce que ces paroles inconnues qui ont été entendues dans les airs et que tout-à-coup les mille échos des nations se sont mis à répéter en chœur ? Qu'est-ce, enfin, que ces mots d'ASSOCIATION UNIVERSELLE, d'ORGANISATION DU TRAVAIL, de SOLIDARITÉ?... Ah ! croyez-nous, les temps sont venus où il faudra que tous ces mots reçoivent leur sanction pratique, et que l'égoïsme fasse place à la fraternité!

Quant à nous, socialistes de toutes nuances, donnons-nous la main afin de résister plus sûrement aux incessantes persécutions de nos ennemis. Du courage, amis, du courage ! La route est difficile, nous le savons; nos pieds seront sans doute ensanglantés par les ronces dont elle est couverte, mais plus nous marchons, plus le phare se rapproche et déjà nous apercevons au ciel l'astre du bonheur qui doit guider notre entrée dans la terre promise ! Courage encore une fois, amis, l'humanité nous contemple, et Dieu nous attend !

Au ralliement de tous les socialistes. (Applaudissement général.)

A. B. — AUX PROLÉTAIRES DES VILLES ET DES CAMPAGNES.

A vous tous, pauvres victimes des bagnes industriels et agricoles, pâles et fiévreux habitants des *Caves* de Lille, des *Cloaques* de Rouen, des marécages de la Dombe et de la Sologne ; à vous, en proie à une misère si affreuse que l'imagination la plus infernale n'aurait su la rêver.

Au milieu des maux qui vous accablent, puissent nos paroles sympathiques, vous porter un peu de courage et d'espoir !

Jusqu'alors vous avez créé la richesse, sans recueillir seulement les miettes du banquet ; mais bientôt finiront vos tortures. La République démocratique et sociale n'a point d'enfants déshérités : elle n'a rien de plus cher que le bien-être de tous ses fils, elle veut que tous soient heureux ou que pas un ne jouisse du bonheur. (Bravo ! bravo !)

VASSY. — AUX ASSOCIATIONS FRATERNELLES D'OUVRIERS.

Après la Révolution de Février, le peuple des travailleurs se vit bientôt abandonné par la plupart de ceux qu'il avait aidés à conquérir le pouvoir.

La lumière se fit alors pour lui, il résolut de marcher seul cette fois, et droit au but.

Sans instruction, sans argent, sans instruments de travail, les ouvriers créèrent de vastes exploitations, s'organisèrent mieux que n'eussent pu les organiser de vieux législateurs. Ils firent en quelques mois le travail d'un siècle.

Quel levier si puissant manièrent-ils donc ? — *L'Association !*

Oui, cette fée des temps modernes réalise des effets magiques, et l'imagination des hommes ne saurait encore rêver les miracles qu'elle enfantera.

Honneur donc et merci aux ouvriers français, hardis pionniers, ouvrant la nouvelle carrière de l'humanité. Gloire à eux ; c'est le vent de Dieu qui les pousse !

Aux Associations fraternelles d'ouvriers ! (Applaudissements.)

Le citoyen L. — A L'ORDRE.

L'auteur du toast peint le tableau au vrai de *l'ordre ancien*, qui n'est autre que l'exploitation du faible par le fort, du travailleur par l'oisif.

Les fruits de cet ordre sont la guerre et les révolutions, la prostitution, la misère, l'esclavage, puis il termine ainsi :

« Et maintenant, salut et fraternité ! voici venir *l'ordre nouveau*, *l'ordre sociétaire*. Son premier acte sera un bienfait. Semblable à la lance d'Achille, il guérit les plaies qu'il ouvre, et sa baguette magique donnera encore aux riches en enrichissant les pauvres.

L'ordre nouveau c'est la *commune affranchie*, la *nouvelle Jérusalem*, où tous travaillent avec ivresse, où tous produisent et consomment selon que Dieu le veut, où tous aiment et sont aimés.

L'oppression et la guerre y sont inconnues.

La *Liberté* le gouverne.

L'*Égalité* le préside.

La *Fraternité* l'administre.

La *Justice* et la *Vérité* sont sa forteresse.

A *l'Ordre nouveau*, à *l'Ordre sociétaire!* (Applaudissements répétés.)

J. G. A LA PROPRIÉTÉ.

Non pas à la propriété fille de la conquête, de l'usure, de l'agiotage ou de la spéculation, mais à la propriété, fille légitime du *travail* et de l'économie.

Bien plus que leurs adversaires, les socialistes respectent la propriété ; mais ils ne la veulent ni égoïste, ni abusive, ni oppressive ; ils la veulent *accessible à tous*, étendant ses bienfaits à tous. (Approbation générale.)

CH. BOYSSET. — A LA FAMILLE.

Citoyens,

On vient de vous proposer des toasts *à l'ordre* et *à la propriété* ; je vous propose, moi, un toast A LA FAMILLE ! Nous aurons ainsi complètement répondu, dans cette fête, aux calomnies et aux vilenies qu'on répand à si grand bruit dans un certain monde, sur le compte des Socialistes... Qu'ils sachent donc une bonne fois, messieurs les réactionnaires, ce que nous portons dans le cœur, et qu'ils cessent de colporter honteusement leurs accusations lâches et perfides !... (Applaudissements.)

La destinée de l'homme, telle que nous la comprenons, c'est le PROGRÈS, je veux dire l'ascension majestueuse de l'humanité vers la compréhension de plus en plus sûre, de plus en plus vaste, des lois de l'ordre universel.

Or comment le progrès se réalise-t-il ? par la *Société*, laquelle n'est autre chose que *l'Association*, la mise en commun de toutes les forces vives qui sont disséminées dans les individus. (C'est vrai; c'est vrai.)

Gloire à Fourier ! le premier, portant sur l'ordre social un regard ferme et profond, il a compris que la société, c'était l'association ; que l'association c'était la solidarité; que tous les citoyens d'une même nation étaient liés fatalement, invinciblement entre eux ; que les nations du globe étaient unies indissolublement ; que dis-je ? il a compris que toutes les générations humaines, depuis le commencement jusqu'au dernier des jours, formaient une chaîne sublime, se tenant fraternellement la main et se transmettant d'âge en âge le flambeau unique de l'éternelle vérité. Gloire à Fourier! honneur à ses disciples !

Oui, la société, c'est la solidarité, fondée sur la division du travail, qui centuple le produit sur l'échange incessant et réciproque des conceptions de la pensée et du sentiment, aussi bien que des produits matériels; tandis que l'homme isolé et réduit à ses seules forces s'affaisse sur lui-même et s'abîme dans l'égoïsme animal, la société multiplie les puissances individuelles; elle est comme une gigantesque machine qui ferait circuler le fluide de vie de chacun à tous et de tous à chacun ; elle est comme une formidable vis d'Archimède qui soulèverait le monde avec l'infini pour carrière et la main de Dieu pour point d'appui. (Nombreux applaudissements.)

S'il en est ainsi, si telles sont nos convictions, nos certitudes, comment pourrions-nous, sous peine de stupidité, condamner la famille et la rayer de nos institutions ? La famille! mais c'est le rouage indispensable, l'engrenage multiple sans lequel la société ne saurait se concevoir; c'est l'association particulière dans l'association générale. Dans les bases et dans le but, identité parfaite. L'homme et la femme, doués de tendances et d'aptitudes distinctes, s'unissent ; ils séparent entre eux les travaux communs ; à l'homme fort de tête et de main, le soin des vastes entreprises et la direction des efforts ; à la femme faible, timide, affectueuse, la vigilance domestique, l'ordre du foyer; à l'un et l'autre la mission sainte et solennelle de préparer leurs enfants à devenir à leur tour les auxiliaires du progrès et les propagateurs infatigables du perfectionnement ; et tous deux, se soutenant, dans leur route, reçoivent de la société générale, et lui donnent en retour une impulsion permanente vers le bien, le beau, le vrai, le juste.

C'est ainsi que par un merveilleux accord la société et la famille, ayant chacune leur action propre, marchent au but commun par des procédés identiques; que, supprimer la famille, ce serait tarir la source même de la vie et de la civilisation. (Oui, oui, bravo !)

Qui donc a dit que nous voulions abolir la famille?

Abolir la famille ! comme si l'aigle qui monte au soleil pouvait songer, durant sa route, à arracher les plus belles plumes de ses ailes ! (Applaudissements.)

Abolir la famille ! comme si nous n'avions pas flétri l'adultère par la bouche de l'un de nos doyens, et chassé de la représentation populaire ceux qui souillent le lit conjugal ! Abolir la famille ! nous qui ne trouvons jamais au fond de notre cœur assez d'amour pour nos enfants, nous qui, après notre journée de travail, nous réchauffons avec tant de bonheur à notre humble foyer! Abolir la famille!... Taisez-vous, taisez-vous, calomniateurs infâmes !.. (Sensation et bravos unanimes.)

A LA FAMILLE donc, citoyens! qu'elle se retrempe dans les eaux vives du socialisme, pour y retrouver la sainteté, la pureté, le charme, qu'elle n'aurait jamais dû perdre! Qu'elle cesse d'être pour le riche un foyer d'oisiveté et de dévergondage! Qu'elle cesse d'être pour le pauvre un foyer de souffrances, de misères, de tortures et d'abrutissements!

A LA FAMILLE!   (Applaudissements prolongés.)

DARRU FILS. — (Toast en vers que nous regrettons de ne pouvoir reproduire en entier.)

. . . .

Mais qu'un hardi jouteur, l'Hercule du génie.
Débrouillant le chaos, nous parle d'harmonie;
Que des flancs épuisés de son vaste cerveau,
Jaillisse, radieux, tout un monde nouveau;
Qu'arrachant aux dédains d'un sexe délétère,
— Parfum tombé des cieux pour enivrer la terre, —
La Femme.... il lui confère un libre arbitre égal
Sans avilir jamais le pacte conjugal;
Mais qu'apôtre éloquent, loin des routes ignobles,
Largement il convie à des plaisirs plus nobles
Le paria maudit, ce glorieux pivot,
— De son rude savoir élevant le niveau —;
Ou, qu'imprégnant d'espoir la douleur importune,
Il veuille associer Travail, Talent, *Fortune!*
Soudain pressés de braire un ridicule affront,
Et jaloux de meurtrir le plus sublime front,
Voyez!!! Les insulteurs, les bravi de la plume,
Cachés sous le boisseau, quand le flambeau s'allume;
Les sceptiques roués, vils rebuts du mépris,
Mirmidons envieux de tous mâles écrits;
Les dévots de parade, arlequins de morale;
Les détrousseurs légaux, Macaires du scandale;
Les écrivains gagés, éditeurs de l'ennui,
Escomptant le matin les hontes de la nuit;
Puis les plaisans par ton, qui, beaux de suffisance,
Coulent en piédestal leur savante ignorance;
Les aboyeurs peureux, drôlatiques roquets,
Pourfendeurs du génie en style de laquais;
(Tous débonnaires gens, qui, penchés sur Barême,
Pour tout autre calcul ont un dédain suprême:
Fort surpris qu'en ce temps de basses voluptés,
Le cœur comme l'esprit ait ses témérités.)
Voyez-les.... colportant qu'en une sombre étreinte,
Propriété, Famille, Honneur, Amitié sainte,
Sous l'ogre social tout tombe anéanti.....
Et nous leur disons, nous : Vous en avez menti !!

. . . .

Citoyens, c'est assez fustiger l'égoïsme.
De l'intérêt privé vous connaissez le prisme :
Or quand l'esprit troublé fait d'obstinés écarts,
Un bon vouloir parfois en absout les trois quarts ;
Mais lorsque lentement tombe la cataracte
D'un monde gangrené jouant son dernier acte,
Des élans généreux ardents provocateurs,
Amis, buvons au Christ, au Peuple, aux Novateurs !!

WURGLER aîné. A L'ÉDIFICATION DU 1ᵉʳ PHALANSTÈRE

Citoyens,

Au nom des démocrates socialistes, je viens porter un toast au premier phalanstère.

Nous ne pouvons nous dire phalanstériens, comme vous, n'ayant pas étudié l'œuvre de votre maître ; mais notre but est commun, c'est le bonheur de tous.

Vous êtes avec nous dans les rangs de la démocratie militante : quand le moment sera venu d'édifier le premier phalanstère, tous les démocrates seront avec vous.

A l'édification du premier phalanstère ou plutôt à l'avènement du règne de la justice et de la vérité.

Phalanstériens, démocrates-socialistes, serrons les rangs et en avant ! (Nombreux bravos.)

CORDIER.   AUX FEMMES, AUX ENFANTS.

Citoyens et Amis,

Heureux de nous trouver réunis en aussi grand nombre pour fêter l'anniversaire d'un jour qui nous a donné un homme grand entre tous les hommes, Il manque cependant quelque chose à notre joie pour qu'elle soit complète ; c'est de n'être point partagée par deux classes d'êtres que Fourier n'a point oubliés dans son œuvre de régénération. La présence des femmes et des enfants à nos réunions leur donnerait un attrait de plus. Malheureusement, jusqu'ici, un faux respect humain a tenus isolés de nos fraternelles agapes les cœurs les plus faits pour la reconnaissance, et quelle reconnaissance les êtres faibles, les femmes, les enfants, ne doivent-ils pas à Fourier ?

Ennuis, douleurs, vexations, misères, injustices et déceptions de toutes sortes, voilà ce qui les attend, ces pauvres êtres faibles, dans la vie que leur fait la civilisation. Au contraire, dans la vie phalanstérienne, ils se verraient incessamment entourés de la plus touchante sollicitude, des soins les plus empressés, les plus respectueux, les plus délicats; et l'épanouissement de toutes leurs facultés aimantes et généreuses s'accomplirait pour le plus grand avantage du nouvel ordre social.

Donc, amis, à tous les êtres faibles, aux femmes, aux enfants, et espérons que bientôt leur voix viendra se joindre à la nôtre dans ce banquet pour rendre hommage au fondateur de la théorie sociétaire, à Charles Fourier ! (Assentiment et bravos unanimes.)

F. PIARD.—A LA RÉPUBLIQUE DÉMOCRATIQUE ET SOCIALE.

A l'union de tous les peuples !
Au triomphe de la lumière sur les ténèbres !

Citoyens, nous avons la certitude que nos vœux ne sont point chimériques, et que nous touchons au moment de la transfiguration du monde. Nous avons la certitude que l'harmonie universelle régnera bientôt sur la terre, et que le philosophisme obscurant qui pèse sur la société depuis si longtemps et la retient dans la misère, va enfin s'évanouir comme les mauvais songes de la nuit au moment du réveil.

L'avènement de la République démocratique et sociale sera le fruit de nos efforts opiniâtres, de nos luttes incessantes. Dans les circonstances pénibles où nous sommes, que notre courage ne se laisse donc point abattre par la persécution. L'expérience des siècles nous montre assez que dans tous les temps les âmes grandes et magnanimes, dont la mission a été de guider l'humanité dans la voie de ses destinées futures ont toujours été accueillies par la haine et la proscription. Mais ces hommes qui se dévouent pour une cause sainte sont consolés par la pensée qu'ils vivront dans notre mémoire, et que notre affection les suivra partout, dans les prisons et dans l'exil.

Ils savent, d'ailleurs, que la vérité, pour entrer dans le cœur des nations, doit être sanctionnée par le martyre.

Citoyens, du courage donc, et hâtons-nous de faire pénétrer la lumière dans les campagnes, afin que bientôt le paysan use avec intelligence du vote universel, et nous aide à conquérir la République démocratique et sociale qui mettra fin à tous les abus et à toutes les iniquités qui affligent nos ames.

Ayons foi dans l'avenir. Aujourd'hui nous avons à accomplir un pénible labeur; mais incessamment la vraie joie, la récompense du devoir accompli jusqu'au bout, nous sera accordée.

Lorsque, après les fatigues de la journée, le laboureur rentre dans sa maison, il pense avec joie à la semence qu'il a confiée à la terre, sûr que le soleil la fera germer et mûrir.

Donc, citoyens, au prochain triomphe de nos efforts et à la réalisation de nos espérances!

A la République démocratique et sociale. (Applaudissements unanimes.)

GONNOT. — A LA BANQUE DU PEUPLE.

S'il est arrivé plus d'une fois au fondateur de la Banque du Peuple, dans ses jours de boutade, de jeter la pierre à Fourier et à son école, ce n'est point une raison pour nous, phalanstériens, de nous montrer injustes envers l'un des plus vaillants champions de la démocratie et d'être indifférents à son œuvre ; nous nous rappelons d'ailleurs que Proudhon a fait de Fourier ce magnifique éloge : — GÉNIE INDISCI-
« PLINÉ ET SOLITAIRE, MAIS DOUÉ D'UN SENS MORAL PROFOND, D'UNE
» SENSIBILITÉ ORGANIQUE EXQUISE, D'UN INSTINCT DIVINATOIRE PRODI-
» GIEUX, FOURIER S'EST ÉLEVÉ D'UN BOND A LA LOI SUPRÊME DE L'UNI-
» VERS. »

Au succès donc de l'œuvre de Proudhon, à la Banque du Peuple! et puisse-t-elle réaliser tous les bienfaits qu'en attendent ses partisans. Quant à nous, bien loin de lui jeter le dénigrement et l'injure, nous sommes prêts à lui fournir notre obole et notre adhésion pour pour aider à son succès. (Approbation générale.)

GOUSSARD. — AU VÉNÉRABLE CITOYEN CABET.

A toi, noble citoyen, vieux soldat de l'humanité; persévérant dans ta grande entreprise, tu viens de franchir l'Océan pour te placer à la tête de tes courageux disciples. Comme tous les apôtres de la fraternité, pour prix du sacrifice de tes intérêts personnels et de ton dévoûment aux peuples opprimés, tu n'obtiens pour récompense que la plus lâche calomnie.

Tu n'as jamais prêché que la parole de l'Evangile, et les Pharisiens modernes veulent nous faire croire que tu n'es qu'un athée, rêvant la destruction de la famille et de la propriété, tandis que tu ne cherches qu'à en extirper les mauvais germes hélas trop abondants.

A toi, bon vieillard, digne soutien du socialisme; un jour viendra où l'on te proclamera l'un des bienfaiteurs de l'humanité. (Nombreux applaudissements.)

LETOREY-DUVAULT. — A NOS AMIS LES PHALANSTÉRIENS.

Aux infatigables propagateurs de la doctrine de l'association.

A ces hommes qui se sont franchement ralliés à la République;

A ces hommes qui ont consacré leur intelligence à élucider les questions difficiles du crédit démocratique, des assurances, mines, canaux et chemins de fer entre les mains de l'état ; et qui ont donné une si vive impulsion à la création des crèches, des salles d'asile des boulangeries sociétaires et autres institutions éminemment progressives ;

A ces hommes enfin qui, toute leur vie, ont cherché l'extinction du paupérisme par l'organisation du travail, et qui nous auront puissamment aidés à fonder la République démocratique et sociale.

A nos frères et amis les phalanstériens. (Bravo ! bravo !)

P. FOREST.

Amis et frères,

Il y a un an, réunis à pareil jour dans la même enceinte et pour y fêter le même anniversaire, nos cœurs tressaillaient d'allégresse et d'espérance. Une Révolution soudaine venait d'emporter le règne d'égoïsme, de corruption et de honte qui, pendant 17 années, avait pesé sur la France ; et cette Révolution glorieuse, nous l'avions saluée avec transport.

Il nous semblait alors que l'heure de la délivrance avait définitivement sonné pour tous les opprimés; il nous semblait que, sous les auspices et sous la direction d'un gouvernement sincèrement dévoué au peuple et à toutes les idées d'avenir et de progrès, la grande Ère de la régénération universelle allait s'ouvrir, et, selon les promesses du prophète, faire surgir avec la rapidité de l'éclair de nouveaux cieux et une nouvelle terre. (Applaudissement.)

Et en effet, citoyens, quelles étaient donc les devises que le peuple de Février, au lendemain de sa victoire, avait inscrites sur ses drapeaux ? c'étaient, vous le savez, les devises du Socialisme:

Droit au travail; — Abolition de l'exploitation de l'homme par l'homme ; — Organisation du travail par l'Association ; —

Sublimes et saintes devises qui portent dans leurs flancs tout un monde nouveau, le monde de lumières, de fraternité, de justice et d'harmonie qui doit succéder au vieux monde de ténèbres, d'oppression, de discorde et d'iniquité ! (Bravo ! bravo !)

Et du sein de ce peuple magnanime, qui venait d'obtenir la proclamation immédiate de la République, et pour toute vengeance contre ses oppresseurs de brûler le trône, symbole de la royauté, comme il eût brûlé, si on l'eût laissé faire, l'échafaud, symbole de barbarie, (Sensation.) — du sein de ce peuple qui avait si longtemps souffert, mais qui entrevoyait enfin le terme prochain de ses souffrances, ne vous rappelez-vous point que s'échappaient ces admirables paroles :

« Trois mois de misère au service de la République : mais après organisation du travail, et comme conséquence de l'organisation du travail le bien-être pour tous, le bien-être qui est pour chaque citoyen la 1re condition de moralité, de dignité et d'indépendance. » (Nombreux bravos!)

Et dans ces premiers jours d'enthousiasme révolutionnaire qui avaient suivi la chûte de la royauté, ce n'était pas seulement la voix du peuple qui proclamait la fin de l'ancien monde et l'avènement du monde nouveau ; à cette grande voix venait s'unir celle des hommes que l'acclamation populaire avait portés sur le pavois et aux mains desquels avait été confiée la Révolution ; écoutez plutôt :

« Il est temps de mettre un terme aux longues et iniques souffrances des travailleurs ; il appartient à la France d'étudier ardemment et de résoudre le problème posé aujourd'hui chez toutes les nations, il faut aviser sans le moindre retard à garantir au peuple les fruits légitimes de son travail. »

Ainsi s'exprimait le gouvernement provisoire de la République en instituant à la date du 26 février une commission du gouvernement pour les travailleurs, commission présidée par deux de ses membres, deux socialistes, dont l'un est aujourd'hui exilé, et l'autre dans les cachots. (Louis Blanc et Albert. Sensation.)

Et l'un des hommes les plus éminents de ce gouvernement, le citoyen Ledru-Rollin, se montrait plus hardi révolutionnaire encore.

Dans ces fameuses circulaires qui commencèrent à jeter l'alarme dans le camp alors silencieux et consterné de la réaction, Ledru-Rollin traçait à grands traits le programme de la Révolution ; comme réformes urgentes à accomplir, il signalait les suivantes : *reconstitution démocratique de l'industrie et du crédit, instrument du travail assuré à tous, association volontaire partout substituée aux impulsions désordonnées de l'égoïsme.* (Applaudissement) ; puis il ajoutait :

« Quiconque n'est pas décidé à sacrifier son repos, son avenir et
« sa vie au triomphe de ces réformes, quiconque ne sent pas que la
« *société ancienne a péri* et qu'il faut *en édifier une nouvelle*, ne serait
« qu'un député tiède et dangereux. Son influence compromettrait la
« paix de la France. » (Mouvement.)

Nobles paroles dont l'évènement n'a que trop justifié le sens prophétique !

Ainsi, vous le voyez, au lendemain de la Révolution, peuple et gouvernement s'accordaient à réprouver la société ancienne, cette société qui craque de toutes parts et succombe sous le faix de ses vices et de ses iniquités séculaires ; peuple et gouvernement s'accordaient à réclamer, à invoquer des institutions nouvelles, une société nouvelle, une société basée sur l'accord des intérêts et l'union des cœurs, basée sur la fraternité, la liberté, l'égalité, la justice ; et le mouvement qui emportait alors les esprits dans cette direction était si universel, qu'en vérité nulle puissance au monde ne semblait capable d'en arrêter l'essor.

Nous étions donc en droit de nous réjouir, nous autres socialistes, nous qui sous le règne de Louis-Philippe nous étions voués à la propagation de l'idée nouvelle. Et en effet notre joie était

grande, aussi grande que notre espoir. La semence que nous avions jetée dans le pays avait porté ses fruits ; le temps de la moisson nous semblait venu, et déjà nous poussions ce cri d'allégresse :
— « Gloire à Dieu dans le ciel et paix sur la terre aux hommes de bonne volonté. »

Hélas ! notre allégresse était prématurée ; nous nous étions bercés d'une vaine espérance. Il était écrit que le triomphe de l'idée démocratique et sociale subirait encore un ajournement, mais un ajournement qui, nous l'espérons bien, ne sera que momentané. (Oui ! oui !)

La Réaction avec timidité d'abord, et bientôt avec une audace encouragée par le succès, est parvenue à entraver, à arrêter l'essor de la Révolution.

Elle a commencé par tirer parti des fautes commises par le gouvernement provisoire et la commission exécutive, puis elle a fait largement tourner à son profit ces lamentables journées de juin, que, pour mon compte, je la soupçonne fort d'avoir provoquées, tant elle y avait intérêt. (De divers côtés, c'est vrai.)

Aujourd'hui, la Réaction est toute puissante. — Elle trône au fauteuil de la Présidence et dans les hôtels des ministères ;

Elle s'étale avec complaisance dans les colonnes du *Moniteur officiel* devenu le journal officiel de la calomnie ; (Assentiment.)

Elle livre aux tribunaux exceptionnels les plus vaillants champions de la démocratie, et les fait condamner à la déportation ;

Elle ose, au mépris de la Constitution, relever l'échafaud politique nous supposions aboli pour toujours ; (Mouvement.)

Elle garde sous les drapeaux 500 mille soldats ; est-ce pour agrandir notre influence au dehors ? Non, c'est pour faire de la compression au-dedans. Est-ce pour soutenir la cause des peuples ! Non, je crains bien que ce ne soit pour trahir cette cause sacrée, pour prêter main-forte aux projets liberticides des gouvernements ; qui sait, en effet, si on n'ira pas jusqu'à envoyer des soldats français en Italie pour détruire les Républiques Romaine et Toscane et restaurer le pape. (Exclamation : non, non ; c'est impossible.)

J'aime à le penser comme vous, citoyens, c'est impossible, car notre brave armée a trop de patriotisme, est trop française, pour s'abaisser jamais à ce rôle honteux.

Citoyens, pour couronner son œuvre, la Réaction fait une guerre aussi acharnée que déloyale au Socialisme, et pour lui mettre un premier bâillon sur la bouche, car elle ne brille pas dans la discussion contre lui, elle veut interdire les *clubs* et porter ainsi une première atteinte à ce droit de libre discussion qui est antérieur et supérieur à toute loi positive, à ce droit dont la Constitution de 93, la plus démocratique de toutes nos Constitutions, disait : — *La nécessité d'énoncer un pareil droit suppose ou la présence ou le souvenir récent du despotisme*; à ce droit de libre discussion enfin que consacre et garantit formellement la Constitution républicaine de 1848.

Bref, il n'y a plus guère que deux grandes conquêtes de la Révolution que la Réaction n'ait encore osé attaquer, et sur lesquelles, j'aime à le croire, elle ne saurait porter la main sans se briser elle-même : — La République et le suffrage universel.

Triste spectacle, citoyens, que celui qui frappe nos yeux, 13 mois après la Révolution de Février, cette Révolution magnanime et glorieuse qui devait émanciper non-seulement la France, mais le monde entier! La France, cette noble et généreuse France, gouvernée comme aux beaux jours de la monarchie constitutionnelle, comprimée à l'intérieur dans ses aspirations de liberté, et à l'extérieur humiliée, abaissée à un point que peut-être n'eût pas souffert le gouvernement de Louis-Philippe, humiliée, abaissée à ce point de voir un satrape de l'Autriche régner en despote à Milan, et dicter des lois à Turin !... (Vive sensation), oui triste et navrant spectacle ; et pourtant, citoyens, j'aime à le croire ou plutôt j'en suis convaincu, parmi tous ceux m'écoutent il n'est personne qui sente son cœur envahi par le découragement et le doute. (Non, non, personne.)

C'est que, tous tant que nous sommes ici, nous avons le cœur animé, soutenu, affermi par de hautes et puissantes convictions, c'est que tous, nous sommes profondément convaincus que la cause de la démocartie est la cause de tous les opprimés, la cause de l'humanité, la cause de Dieu, et que si elle a Dieu pour elle, cette noble et sainte cause, elle triomphera tôt ou tard, car jamais la résistance des hommes ne prévaut contre la volonté divine. (Applaudissements.)

Et voyez donc, amis, si le but que poursuit la Démocratie sociale n'est pas un but divin! — Affranchir l'homme de la misère, de la misère qui est la première cause de l'immoralité, du vice et du crime ; élever les pauvres, les déshérités, — ainsi que le disait si noblement naguère l'un des accusés du 15 mai, Raspail, dont nous regardions la condamnation comme impossible et qui pourtant a été condamné, — élever les pauvres à la hauteur des riches, et cela sans rien changer à la situation des riches, ou plutôt en améliorant cette situation ; réaliser parmi les hommes la liberté, l'égalité, la fraternité, faire descendre enfin sur la terre le royaume de Dieu et sa justice; n'est-ce donc pas là ce que veulent, ce que demandent, ce que poursuivent tous les démocrates socialistes !

Que les hommes positifs, que *les intelligents, les sages, les honnêtes, les modérés* de notre temps crient à l'utopie, au rêve, à la folie même, qu'ils nous accusent de répandre dans le pays des doctrines insensées ou perverses, de courir après une vaine lueur, un trompeur mirage, un leurre éternel : mon Dieu! Qu'importe? nous nous soucions peu des critiques et de la réprobation de ces prétendus sages qui au fond ne sont que des sceptiques, des égoïstes et des repus. Mais quel homme d'un peu de cœur et d'un peu de foi oserait donc, la main sur la conscience et le regard levé au ciel, soutenir que le but de la démocratie sociale n'est point un but généreux, élevé, sublime, un but digne du génie de l'homme comme de la grandeur et de l'infinie bonté de Dieu!... (Bravo! bravo!)

Oui, oui, le règne de l'amour, de l'union des hommes entre eux, de la fraternité universelle, c'est là pour nous le but, c'est là pour nous la terre promise ; et tant qu'un soufle de vie animera nos poitrines, nous ne cesserons de marcher dans la voie qui y mène, dussions-nous ne jamais y entrer!... (Nouveaux bravos!)

Du reste, citoyens, la Réaction aura beau faire, elle aura beau fermer les clubs, calomnier les idées, persécuter les hommes, elle aura beau appeler à son aide toutes les puissances du vieux monde, et parmi ces puissances, la plus influente en ce temps de misère et d'égoïsme, celle de l'or ; elle aura beau ameuter contre ce qu'elle appelle des doctrines sauvages la superstition, l'ignorance, et la peur; — les vieilles idées ne prévaudront pas contre l'idée nouvelle, et le vieux monde fera inévitablement, infailliblement place au monde nouveau. Pour moi, j'en ai le ferme espoir, le jour est proche où la République démocratique et sociale triomphera de cette République sans nom que la Réaction a si improprement appelée la République *honnête et modérée;* — Oui, le jour est proche où nous verrons surgir les cieux nouveaux et la terre nouvelle dont a parlé le prophète. (Applaudissements.)

Amis et frères, en attendant le grand jour de la délivrance, le jour du triomphe définitif de la démocratie sociale; le jour qui doit ouvrir la grande Ère de la régénération universelle, nous pouvons nous écrier : — Gloire à tous les hommes qui ont servi sur la terre la cause des opprimés et des faibles, la cause du peuple et de l'humanité, qui est celle de Dieu-même! (Oui, oui, gloire à ceux-là!)

Parmi tous ceux qui ont voué leur vie au service de cette noble et sainte cause, l'un des plus grands est l'homme dont nous célébrons aujourd'hui l'anniversaire.

Celui-là, pendant une longue et laborieuse vie, il a essuyé le dédain, le mépris, les sarcasmes d'un monde auquel il venait apporter cependant la parole de vie et de salut ; mais ni le dédain, ni le mépris, ni les sarcasmes, ni les épines et les ronces amoncelées sur sa route n'ont un seul instant lassé son inébranlable courage ; et il est mort après 40 années de veilles et de travaux consacrés à l'humanité, laissant après lui une œuvre grande entre toutes les œuvres, une œuvre que, nous, ses disciples, nous considérons comme la plus grande des temps anciens et modernes, sa théorie de l'unité universelle, cette théorie magnifique qu'avec ce sentiment de fierté qui n'appartient qu'au génie il appelait UN MONUMENT PLUS DURABLE QUE L'AIRAIN... (Bravos.)

Amis et frères, unissez donc votre voix à la mienne pour crier : —

Gloire, gloire immortelle à FOURIER, et VIVE LA RÉPUBLIQUE DÉMOCRATIQUE ET SOCIALE! VIVE LA RÉPUBLIQUE UNIVERSELLE! (Applaudissements prolongés.)

— 15 —

CHANT adressé à ses amis de Chalon par A. C. et chanté par F.

7 AVRIL 1849.
AIR : *de la Treille de Sincérité* (de Béranger).

   Sainte science,
   Par ta puissance,
  Malgré les cris des imposteurs
  La foi vient ranimer nos cœurs.

En ce grand jour, notre phalange
Communie en un saint banquet ;
De Dieu fêtons, fêtons l'archange
Qui du malheur cassa l'arrêt. *(bis)*
Armés de la loi sériaire,
Résisterons-nous, mes amis ?
Édifions le Phalanstère,
Pour conquérir le Paradis !

A l'œuvre, à l'œuvre, notre globe
Opprimé par le faux savant,
Veut rajeunir sa vieille robe,
Il veut briller au firmament,
Car il attend ses satellites
Qui doivent l'abreuver d'amour,
Et suivant de nouveaux orbites,
Il veut produire un nouveau jour.

Portons un toast à la mémoire
De nos pionniers qui sont tombés
Sans assister à la victoire ;
Suivons les pas de nos aînés :
Quand d'un ami, l'âme attristée
De ce monde quitte les bords,
Du haut de la sphère éthérée
Elle sourit à nos efforts.

Un toast aux douces créatures,
Anges partageant nos douleurs ;
Honneur à ces âmes si pures,
Heureuses d'étancher nos pleurs.
Un toast enfin à notre maître,
Promulgateur de l'unité.
Un toast au jour qui l'a vu naître,
Au jour de la Fraternité !!!

CHALON-S-S., IMPRIMERIE DE J. DUCHESNE.

www.ingramcontent.com/pod-product-compliance
Lightning Source LLC
Chambersburg PA
CBHW071443060426

42450CB00009BA/2282